Eine

schöne

Weihnachtszeit

Wundervolle Weihnachtszeit

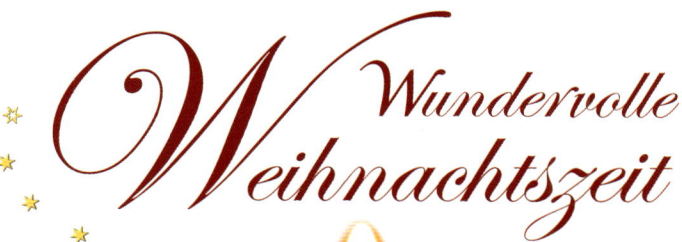

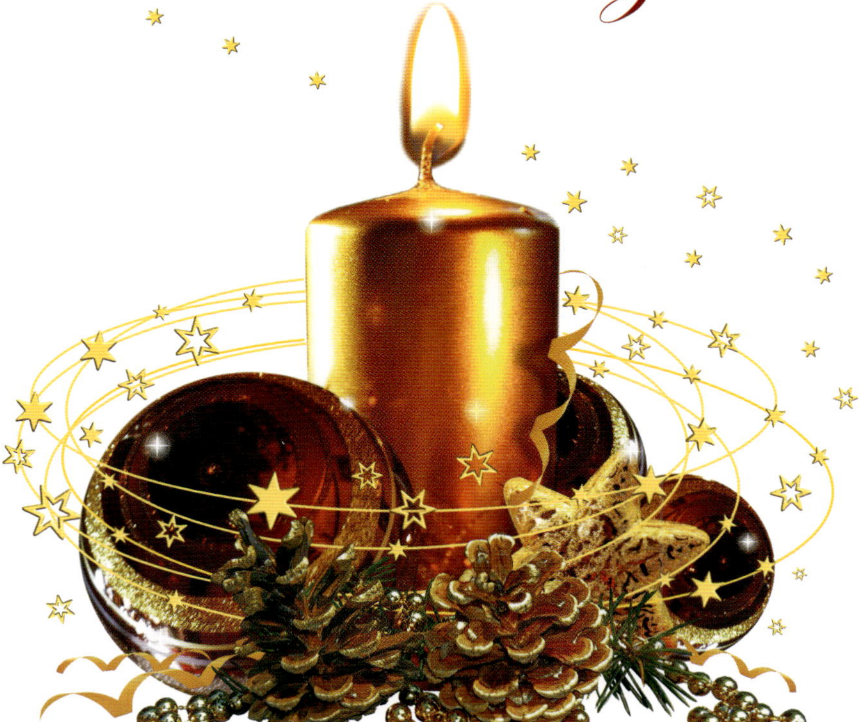

Andrea VERLAGsGmbH

Inhalt

Wissenswertes und Wünsche

Gedichte

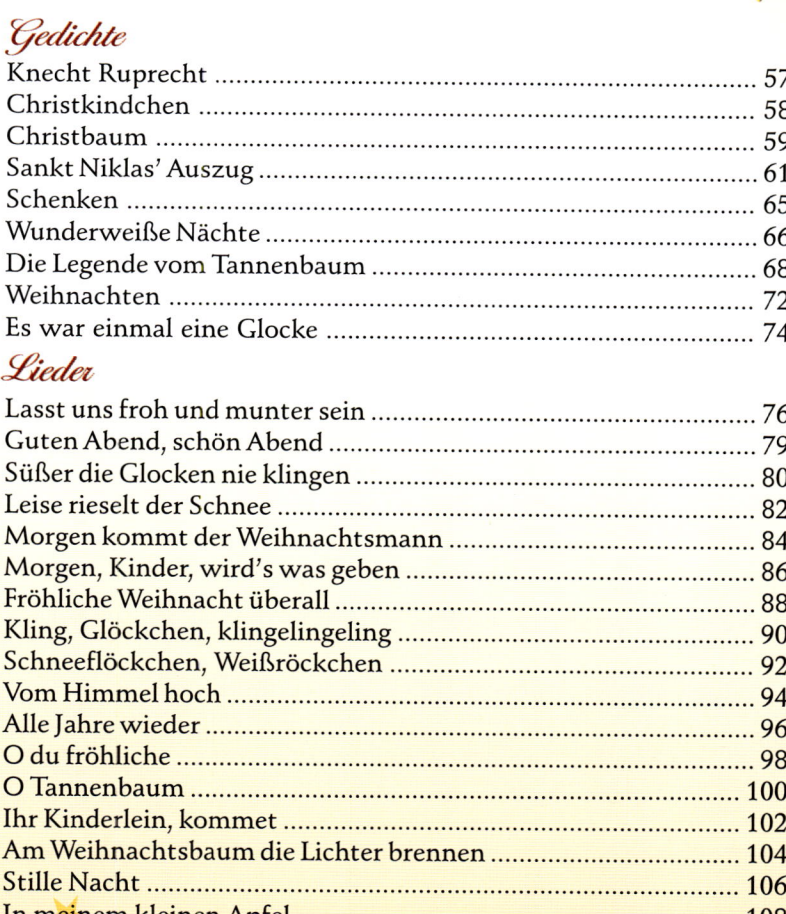

Gedichte

Lieder

Rezepte

Basteleien

Herzinniges Kind

Und weißt du auch, herzinnig Kind,
warum ich so lächle, da's stürmt und schneit?
Lass du nur ruhig brausen den Wind,
er bringt ja die selige Weihnachtszeit!

Da schmücken wir uns're Herzen fein
als Christusbäumchen einander aus;
und uns're Lieb' ist der Kerzenschein,
wie soll da funkeln das ganze Haus!

Und all' die Gedanken von Lieb' und Treu',
die hängen als gold'ne Äpfel wir dran;
und ach, da werden wir Kinder auf's Neu,
und schauen voll Jubel den Christbaum an!

Oscar von Redwitz

Willkommen in der Weihnachtszeit

Der Adventsstern der Azteken

Der Adventsstern, Weihnachtsstern, Christstern oder auch Poinsette genannt, verdankt seinen Namen zum einen seinem Entdecker, dem amerikanischen Botschafter in Mexiko, Joel Roberts Poinsette und zum anderen seiner roten sternenförmigen Blätterpracht.

Joel Poinsette entdeckte ihn ca. 1828 unter der Weihnachtsdekoration der Azteken. Nur eine von vielen Sagen lautet, dass der Stern aus dem heißen Blutstropfen des an unglücklicher Liebe gebrochenen Herzens einer aztekischen Göttin entsprang.

Bereits 1804 brachte Alexander von Humboldt die Pflanze zu Forschungszwecken mit nach Europa.

Anfang des 20. Jahrhunderts brachte eine deutsche Auswandererfamilie die Schnittblume als Weihnachtsstern nach Kalifornien.

Nach vielen Züchtungen wird seit 1950 die Pflanze als Topfpflanze für Wohnräume im Handel angeboten.

Lichter zum Advent

Das heutige Weihnachtsfest entstand in der vorchristlichen Zeit aus vielerlei Festen und Bräuchen rund um die Wintersonnenwende. Ein wesentlicher Bestandteil vor der Wintersonnenwendfeier waren die Lichtfeste sowie Schmuck- und Rauchrituale. Sie dienten vor allem der Abwehr von Geistern, Kobolden und Unholden und dienten unterschiedlichen Gottheiten.
Je dunkler die Zeiten wurden und je näher die Wintersonnenwende kam, desto mehr Lichter wurden in den Stuben entzündet.

Diese Zeit wurde Advent genannt. Advent = advenire, adventus und bedeutete in mehreren Glaubensrichtungen die Ankunft oder Erscheinung - im Wesentlichen einer Gottheit.

Den Begriff Advent übernahmen die Christen, um die Ankunft Jesus Christus = Adventus Domini auf den ersten Adventssonntag festzuschreiben. Bis 1570 umfasste die Adventszeit bis zu sechs Sonntage. Erst Papst Pius V. schrieb die Adventsliturgie (Rituale zur Verehrung Gottes) für die gesamte katholische Kirche fest.

Die Adventszeit war ursprünglich gleichzeitig auch eine Fastenzeit, in der man sich besonders vorsichtig und ruhig verhielt, keine wichtigen Arbeiten verrichtete, weder eine Reise unternahm noch heiratete.

Diese Ruhezeiten galten ganz und gar der Vorbereitung des Heiligen Abends. Dazu gehörte das zunehmende Ausschmücken bzw. (Schützen) von Haus und Hof mit Lebensbäumen, bunten Bändern, das Zelebrieren der christlichen Liturgie und eben das „Lichtmachen" in den heimischen Stuben.

Höhepunkt des Jahres waren Lichtfeste wie das heutige Silvester. Mit viel Licht und Krach wurde dem alten Jahr und allen Geistern der Garaus gemacht. Man begrüßte somit das neue Jahr und orakelte, wie es werden würde.

Der Adventskalender

Der Adventskalender gehört wie der Weihnachtsbaum
zum christlichen Brauchtum im Advent.
Er zählt die Tage bis zum Heiligen Abend.

Im 19. Jahrhundert waren die ersten Adventskalender selbst gebastelt.
Es wurden beispielsweise 24 Bilder an die Wand gehängt und täglich
wurde eines von den Kindern abgenommen.
In einfachen und armen Familien wurden 24 Kreidestriche an die Tür
oder Wand gemalt, von denen die Kinder täglich einen Strich abwischten.
Andere legten jeden Tag einen Strohhalm in die Krippe.

Eine weitere Form war eine Adventskerze mit Markierungen.
Sie wurde täglich angezündet und man lies sie bis zur nächsten
Markierung herunterbrennen.

Der erste gedruckte Adventskalender (1902) stammte aus einer
evangelischen Buchhandlung aus Hamburg und war in Form
einer „Weihnachtsuhr" für Kinder.
Schon im nächsten Jahr brachte ein Verleger aus München einen
Ausschneidebogen mit 24 Bildern und einen Bogen zum Aufkleben heraus.
So wurde jeden Tag ein Bildchen ausgeschnitten und auf den Bogen geklebt.
Von Jahr zu Jahr entwickelte sich der Adventskalender weiter.

1920 erschien der erste Adventskalender mit Türchen zum Öffnen
mit weihnachtlichen Motiven oder Märchenfiguren.

Heute ist die Vielzahl und Unterschiedlichkeit der Adventskalender einem harten Konsumkampf um Kunden und Absatzmärkte unterlegen. Mit oder ohne Schokolade, Spielzeugen, Kosmetik, Alkoholika, speziell für Mädchen, für Jungen, für Frauen und Männer, für Hunde und Katzen und und und ...

Eines ist jedoch geblieben: Die Zeit bis zum Heiligen Abend in immer größer werdender Erwartung zu zählen.

Der Adventskranz

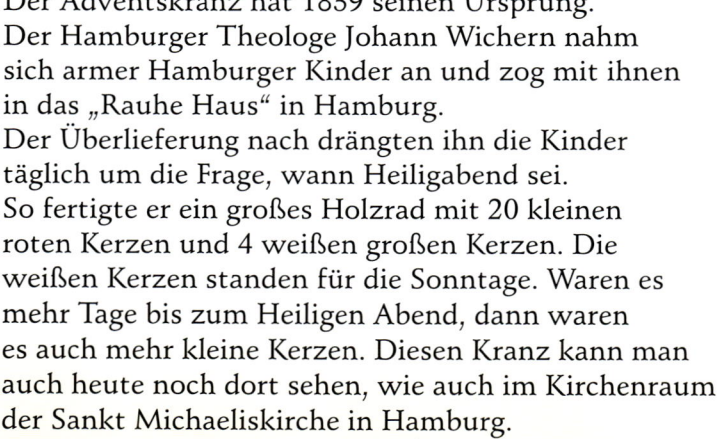

Der Adventskranz hat 1839 seinen Ursprung.
Der Hamburger Theologe Johann Wichern nahm
sich armer Hamburger Kinder an und zog mit ihnen
in das „Rauhe Haus" in Hamburg.
Der Überlieferung nach drängten ihn die Kinder
täglich um die Frage, wann Heiligabend sei.
So fertigte er ein großes Holzrad mit 20 kleinen
roten Kerzen und 4 weißen großen Kerzen. Die
weißen Kerzen standen für die Sonntage. Waren es
mehr Tage bis zum Heiligen Abend, dann waren
es auch mehr kleine Kerzen. Diesen Kranz kann man
auch heute noch dort sehen, wie auch im Kirchenraum
der Sankt Michaeliskirche in Hamburg.

Erst zwanzig Jahre später wurde der Kranz
zusätzlich mit Tannengrün versehen.

Um 1925 sichtete man den ersten öffentlichen
Adventskranz mit vier Kerzen in einer katholischen
Kirche in Köln, 1930 in München.

Die Bedeutung der Form des Kranzes,
der Farben der Kerzen ist in allen Religionen
und Regionen der Welt sehr unterschiedlich.

Die Bedeutung des Adventskranzes ist traditionell die Erwartung des Heiligen Abends. Mit Stolz präsentiert man seinen persönlichen Adventskranz, indem man zum Beispiel am Adventssonntag ein Bild seines Adventslichtes mit den besten Wünschen seinen Liebsten und Freunden sendet.

Vom Nikolaus

Um keinen Heiligen in der kirchlichen Geschichte ranken sich derartig viele Mythen und Legenden. Geboren in der ersten Hälfte des 4. Jahrhunderts war er Bischof von Myra und starb an einem 6. Dezember. Es gibt mindestens 10 mehr oder weniger belegte Lebensläufe, die ihn durch seine wohltätigen Geschenke und Gaben zum Heiligen Nikolaus machten. Diese Wohltätigkeit hat sich bis heute im Schenken kleiner Gaben am 6. Dezember erhalten.

Die Verehrung des Heiligen Nikolaus ist mit vielen Bräuchen verbunden. In einigen Ländern Europas ist der 6. Dezember ein Feiertag. In anderen Ländern werden Prozessionen oder lustige Bräuche gefeiert.

Der Heilige Nikolaus ist Schutzpatron einiger russischer Völker, Schutzheiliger verschiedener Berufsgruppen wie z. B. der Seefahrer und Händler und Patron aller Lernenden und Reisenden.

Erst durch Überlegungen Martin Luthers wurde das Schenken von Gaben vom 6. Dezember auf den Heiligen Abend, der Geburt Christi, verlegt. So war der Gnadenbringer nun der Heilige Christ, auch Christkind genannt. Erst im 19. Jahrhundert wurde aus Knecht Ruprecht, als Begleiter vom Nikolaus, der die Kinder für ihre Untaten strafte der heutige Weihnachtsmann, der entweder Geschenke oder aber Ruten bringt.

Wichteln und Julklapp

Der Begriff „Wichteln" hat im dänischen seinen Ursprung.
Die Sagengestalt „Nisse" (dänisch: Niels für Nikolaus) erinnert
durch seine rote Mütze an einen kleinen Wichtel.
Im Laufe der Zeit wurde dieses „Schenken kleiner Gaben" als „Wichteln"
bezeichnet. Der Beschenkte weiß nicht, von wem er eine Gabe erhält
und schenkt seinerseits heimlich ein kleines Geschenk.
Hier ist dieser Brauch auch als Julklapp bekannt, in Österreich wird es
„Engerl und Bengerl" genannt.
Diese Art des Schenkens findet meist in Vereinen, Schulklassen oder unter
Arbeitskollegen statt. Die Geschenke werden mit Nummern versehen und
man zieht vorher eine andere Nummer. Am Wichtelabend lässt man sich
dann überraschen.

Vom Weihnachtsfeuer

Zu keiner Zeit des Jahres gab es derart viele Feste und Bräuche
wie zur Zeit der Jahreszeitenfeiern. Diese waren die 4 Hauptstationen
des Sonnenlaufes: Die Frühlings-, Herbst-, Tag- und Nachtgleiche.
Die Wintersonnenwende feierte auch die Neugeburt der Sonne.
Die Wintersonnenfeuer wurden später zu den Weihnachtsfeuern.

Zur germanischen Sonnenwendfeier z. B. gehörten reichliche
Ess- und Trinkgelage, Maskenumzüge und Götterverehrungen.

Auch das nordische Julfest wurde als geselliges Hausfest
begangen. Holzscheite im Kamin und Kerzen gehörten genauso
zur Tradition wie der Julblock, das große Feuer in der Weihnachtsnacht.
Geehrt wurde die lebensspendende Kraft des Feuers und des Lichtes.
Hier gab es vermummte Gestalten auf Umzügen genauso wie
gebastelte Figuren aus Stroh oder Holz.

In Jerusalem feierte man schon 165 vor Christus am 25.12. das
Lichtfest. Ebenfalls an diesem Tag beging man den Geburtstag
des iranischen Lichtgottes Mithra.

Im alten Rom feierte man vom 17.12. - 23.12. die Verehrung
des Saturns, des Gottes der Saat und des Reichtums.
In dieser Zeit ruhte man sich nach der Bestellung der Felder aus
und rief zu üppigen Feiern auf. Diese fanden in großer Geselligkeit und
mit dem Tauschen von Geschenken statt.

In Griechenland wird am 24. Dezember ein Feuer für zwölf Nächte entzündet. Die Kamine in den Wohnungen brennen ununterbrochen.

Die große Tradition der Weihnachtsfeuer mit ihren Bräuchen ging über die Jahrhunderte weitgehend verloren und findet sich größtenteils nur noch in den Licht- und Feuerspektakeln zu Silvester wieder.

Geschmückte Lebensbäume

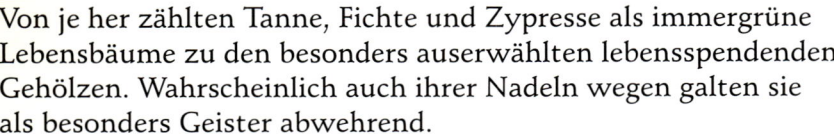

Von je her zählten Tanne, Fichte und Zypresse als immergrüne
Lebensbäume zu den besonders auserwählten lebensspendenden
Gehölzen. Wahrscheinlich auch ihrer Nadeln wegen galten sie
als besonders Geister abwehrend.

So holte man sie sich zur Adventszeit und vor allem in Vorbereitung
des großen Lichtfestes in Haus und Stall und schmückte sie mit
abwehrenden Kräutern und bunten Bändern zum Schutz
vor umhertreibenden Unholden. Jedes Kraut und jedes Band
hatte dabei eine besondere Bedeutung. In den Nächten nach
dem Fest zündete man täglich einen Teil der Gehölze an und räucherte
damit Haus und Stall aus, um alle Geister zu vertreiben.
Am Ende der Rauchnächte wurden den verschiedenen Ästen
Namen von Getreidesorten gegeben und im Feuer verbrannt. So
orakelte man anhand der Flammen, wie die Ernte werden würde.

Seit etwa dem 18. Jahrhundert stellt man sich einen geschmückten
Tannenbaum ins Zimmer, was zu jener Zeit nur den Bürgerlichen
vorbehalten war. Der preußische König ließ 1870/71 in Lazaretten
und Unterständen Weihnachtsbäume aufstellen, um ihn so auch
dem Kleinbürgertum nahezubringen.
Der erste öffentliche Weihnachtsbaum war 1912 in New York
zu bestaunen und ist bis zur heutigen Zeit nicht mehr wegzudenken.

Der Weihnachtsbaum wird mit Kerzen, Glaskugeln, Lametta,
Engeln, kleinen Leckereien und Basteleien geschmückt.
Der Fantasie werden keine Grenzen gesetzt.
Früher wurden die Bäume hauptsächlich mit Zuckergebäck, Mandeln,
Nüssen, Äpfeln und Papierbasteleien geschmückt.

Die Glaskugel entwickelte sich aus der Not heraus.
Ein Glasbläser aus Thüringen hatte weder Äpfel
noch Nüsse oder sonst irgendeine Leckerei, die derzeit
als Baumschmuck diente.
In seiner Not blies er Glaskugeln als Baumschmuck,
um auch seine Kinder mit einem bunt geschmückten Baum zu überraschen.

Der Weihnachtsbaum spielt auch heute noch die zentrale Rolle
in den Familien. So bleiben die Türen an Heiligabend für die Kinder
verschlossen, bis der Tisch gedeckt ist, die Kerzen angezündet sind
und die Geschenke unter dem Baum liegen.

Es wird gemeinsam gesungen, es werden Verse und Gedichte aufgesagt
und die Geschenke verteilt, genüsslich geschlemmt, an alle Lieben gedacht
und auch inne gehalten.

Traditionell bleibt der Weihnachtsbaum bis Heilige Drei Könige
am 6. Januar stehen, wird am 13. Januar zum nordischen Fest „Knut"
entsorgt oder beim Osterfeuer verfeuert.

Der Mistelzweig

Großer Beliebtheit erfreut sich zur Weihnachtszeit das Anhängen
eines Mistelzweiges über der Tür. Die Mistel gehört zu den
immergrünen Gewächsen. Sie hat in vielen Glaubensrichtungen einen
mythologischen Hintergrund.
Seit dem 19. Jahrhundert wird sie als Weihnachtsschmuck verwendet.
Der aus England stammende Brauch besagt, dass man jeden ungefragt
unter einem Mistelzweig küssen darf.
Die Früchte der Mistel werden darum auch Kuss-Kugeln genannt.

Der Mistelzweig ist einer Legende nach die heilige Pflanze der Frigga,
der Göttin der Liebe. Sie hat geheimnisvolle Kräfte und steht für
Gesundheit, Glück, Fruchtbarkeit und Mut. Sie ist fruchtbarkeitsfördernd
und hat einen wichtigen Platz in der Heilkunde.

Weihnachten anderswo

In Skandinavien wird das Julfest gefeiert.
Es hat eine lange Tradition und findet seinen Ursprung
in alten Ernte- und Mittwinterbräuchen.
So wurde früher Julbrot gebacken, Julbier gebraut und in der Julstube,
der Weihnachtsstube, wurde Julstroh verteilt.
Dieses Traditionsfest endete mit einem großen Gelage am 13. Januar.

In Schweden ist der 13. Dezember der wichtigste Weihnachtstag.
Es wird das Lucia-Fest gefeiert, an dem gleichzeitig der längsten Nacht
des Jahres gedacht wird.
Das Lucia-Gebäck wird von der ältesten Tochter des Hauses, die sich als
heilige Lucia herausputzt, nach dem Wecken der ganzen Familie
an diese verteilt. Der Höhepunkt der Weihnachtszeit ist der Heilige Abend.
Nach einem traditionellen Essen bringt „Jultomten",
der schwedische Weihnachtsmann, die Geschenke.
„Frohe Weihnachten" heißt auf schwedisch und norwegisch „God Jul".

In Norwegen wird in der Vorweihnachtszeit kräftig Holz gehackt,
weil an den Feiertagen nie das Feuer ausgehen darf.
„Julenissen", der norwegische Weihnachtsmann,
beschenkt Groß und Klein.

In den **Niederlanden** werden die Kinder am 5. Dezember beschenkt. „Sinterklaas" und der „Zwarte Piet" füllen die von den Kindern vor dem Kamin aufgestellten Schuhe mit Pfefferkuchen und Spekulatius. Dafür werden sie mit Heu und Möhren für ihre Pferde belohnt. Die Weihnachtstage werden sehr religiös gefeiert. „Frohe Weihnachten" heißt „Vrolijk Kerstfeest".

In **Polen** fastet man in der Weihnachtszeit, die mit dem ersten Advent beginnt und am Heiligabend endet. Die ganze Familie feiert in großer Runde und aus Gastfreundschaft wird immer ein zusätzliches Gedeck bereit gestellt. Das Schlemmen beginnt erst, wenn ein Stern am Himmel erscheint. Danach werden die Geschenke ausgepackt und die Familie besucht die Mitternachtsmesse in der Kirche. „Frohe Weihnachten" heißt „Wesołych Świąt".

Am Heiligabend bringt in **Tschechien** das Jesuskind die Geschenke. Von den Mädchen wird die Tradition des „über die Schulter Werfen von Schuhen" gepflegt. Zeigt die Schuhspitze zur Tür, steht eine Heirat bevor. Eine weitere Tradition ist das Schneiden von Äpfeln. Entsteht ein Stern im Apfelkern, kommt ein gutes Jahr, ist es ein Kreuz, wird das kommende schlecht. „Frohe Weihnachten" heißt „Veselé Vánoce".

Das Weihnachtsfest in **Österreich** ist dem unseren sehr ähnlich. Traditionell leitet dort das Lied „Stille Nacht, heilige Nacht" den Heiligen Abend ein. Erst dann wird beschert.

In **England** wird an Heiligabend ausgiebig, über Stunden hinweg, gegessen.
Es gibt den typischen Plumpudding und den britischen Truthahn,
der „Gregor" genannt wird. Zum Fest wird mit Stechpalme, Mistel,
Girlande und Lorbeer dekoriert und die Kinder hängen abends ihre Strümpfe
auf. Nachts steigt „Santa Claus" durch den Kamin und füllt diese.
Am Morgen des 25. Dezember wird sich dort über Geschenke gefreut.
„Frohe Weihnachten" heißt „Merry Christmas".

In **Frankreich** krönt die typische „Bûche de Noël", eine Biskuitrolle mit
Schokoladenbuttercreme, den Weihnachtsschmaus. Sie hat Kultstatus.
Während die gesamte Familie die Mitternachtsmesse besucht,
sucht „Père Noël" - der Weihnachtsmann - die gute Stube mit der Krippe auf
und füllt die frisch geputzten Stiefel der Kinder.
„Frohe Weihnachten" heißt „Joyeux Noël".

In **Italien** wird um die schönste „Presepio", die Weihnachtskrippe,
gewetteifert. Der Weihnachtsbaum spielt eine kleinere Rolle.
Die Kinder in Italien können sich mehrmals über Geschenke freuen.
Am 6. Dezember kommt „San Nicola", der Nikolaus, am 13. Dezember
kommt „Santa Lucia", die Lichtkönigin
und in der Nacht zum 25. Dezember bringt „Bambinello",
das Jesuskind die Geschenke.
Und schließlich kommt am 6. Januar noch „Befana",
eine alte hässliche Hexe mit einem Besen.
Sie verteilt an artige Kinder Geschenke und an die unartigen ein Stück Kohle.
„Frohe Weihnachten" heißt „Buon Natale".

Ursprünglich verteilen in Spanien die „Heiligen Drei Könige" am 6. Januar die Geschenke an die Kinder. Am Vortag wird ihre Ankunft mit einem festlichen Umzug gefeiert. Seit den 80er Jahren passt sich Spanien den mitteleuropäischen Traditionen an. Es werden Weihnachtsbäume aufgestellt und der Weihnachtsmann bringt am Heiligabend die Geschenke. „Frohe Weihnachten" heißt „Feliz Navidad".

Mit großem Trommelspiel, Glockenklang und Lobgesängen, die Glück bringen sollen, ziehen in Griechenland am 24. Dezember die Kinder durch die Straßen. Mit kleinen Geschenken bedankt man sich bei ihnen. Zum Schutz vor Kobolden, den Kalikanzari, werden zwölf Nächte lang Weihnachtsfeuer entzündet.
In der Nacht zum 1. Januar legt der „Heilige Vassilius" die Geschenke für die Kinder vor ihre Bettchen.
Der 6. Januar, Tag der Heiligen Drei Könige, ist in Griechenland der Höhepunkt der Weihnachtszeit und heißt dort „Epiphania".
„Frohe Weihnachten" heißt „Kala Christougenna".

Russlands Kinder werden am 31. Dezember von „Ded Moroz" (Väterchen Frost) und seiner Enkelin „Snegurotschka" (Schneemädchen) mit Geschenken bedacht.
Den Weihnachtsbaum, der „Jolka" genannt wird,
stellt man am 30. oder 31. auf und schmückt ihn. Das Weihnachtsfest hingegen wird nach dem julianischen Kalender am 7. Januar gefeiert. Es gibt reichlich zu essen, denn 40 Tage zuvor wird gefastet.
„Frohe Weihnachten" heißt „Pozdrevlyayu s prazdnikom Rozhdestva".

Die Weihnachtsgurke

Was macht eine Gurke im Weihnachtsbaum?
Der amerikanischen Legende nach
stammt dieser Brauch
ursprünglich aus deutschem Lande.
In Amerika hat diese kleine grüne Essiggurke
seit vielen Jahren Kultcharakter
und gehört an jeden Weihnachtsbaum.
Natürlich werden keine echten Gurken
in den Baum gehängt.
Die Weihnachtsgurken werden, wie die
Christbaumkugeln auch, aus Glas geblasen.

Sie wird ganz zuletzt,
wenn der Baum vollständig geschmückt ist,
gut zwischen dem anderen Baumschmuck versteckt.
Denn wer als Erster diese Gurke entdeckt,
dem sei nicht nur ein glückliches Jahr beschieden,
er erhält noch ein Geschenk zusätzlich.

Die kleine Gurke hält seit einigen Jahren
in Deutschland mehr und mehr Einzug.

„Frohe Weihnachten"

Afrikaans	✴	Geseënde Kerfees!
Dänisch	✴	Glædelig Jul!
Englisch	✴	Merry Christmas!
Esperanto	✴	Ĝojan kristnaskon!
Finnisch	✴	Hyvää Joulua!
Französisch	✴	Joyeux Noël!
Friesisch	✴	Noflike Krystdagen!
Griechisch	✴	Kala Christougenna!
Irish	✴	Nollaig Shona Dhuit!
Isländisch	✴	Gleðileg jól!
Italienisch	✴	Buon Natale!
Niederländisch	✴	Vrolijk Kerstfeest!
Norwegisch	✴	God jul!
Polnisch	✴	Wesołych Świąt!
Portugiesisch	✴	Feliz Natal!
Rumänisch	✴	Crăciun fericit!
Russisch	✴	Pozdrevlyayu s prazdnikom Rozhdestva!
Slowakisch	✴	Vesele Vianoce!
Spanisch	✴	Feliz Navidad!
Tschechisch	✴	Veselé Vánoce!
Ungarisch	✴	Kellemes karácsonyi ünnepeket!

Wünsche zur Adventszeit

Am Himmel leuchten die Sterne -
es ist bald so weit,
ich wünsche Dir von Herzen
eine schöne Vorweihnachtszeit!

Heut' habe ich an Euch gedacht,
als ich das erste Lichtlein angemacht.
Wohlige Gedanken machen sich breit,
ich wünsche eine schöne Vorweihnachtszeit!

*Eine schöne Adventszeit sei Euch beschieden
und ein frohes Fest in Ruhe und Frieden!*

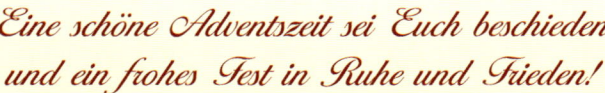

Die herrlichen Glocken läuten schon
ihren klaren, hellen Engelston.
Drum schick ich Dir dies kleine Präsent
und wünsch Dir
einen schönen Advent!

Alltag, mach die Türen zu!
Kehrt ein: Besinnlichkeit und Ruh!
Bringt mit die Heiterkeit zum Fest -
ein jeder es sich wohlgeh'n lässt.

*Heimlichkeit zur Weihnachtszeit
macht sich unter allen breit.
Kinder fragen,
lauschen, suchen,
probieren Plätzchen
und vom Kuchen,
basteln Sterne,
Glückwunschkarten,
können Weihnachten
kaum erwarten.*

Sternenglanz und Tannenduft -
Weihnachten liegt in der Luft.
Ich wünsche Dir von ganzem Herzen
ein frohes Fest im Schein der Kerzen!

Wünsche zur Adventszeit

Aufgepasst, seid nur recht fleißig,
sonst gibt's die Rute, ganz aus Reisig!
Putzt eure Stiefel blitzeblank,
der Nikolaus zeigt seinen Dank,
füllt sie gern mit schönen Sachen,
die euch große Freude machen.
Nun sputet euch, es ist schon Zeit,
der Nikolaus ist nicht mehr weit!

Der Adventszauber mit magischer Kraft
eröffnet die Freude auf die Heilige Nacht.

Ich bitte dich, Sankt Nikolaus, sehr,
in meinem Hause auch einkehr.
Bring Bücher, Kleider und auch Schuh'
und noch viele schöne Sachen dazu.
So will ich lernen wohl
und fromm sein, wie ich soll.
Aus: Des Knaben Wunderhorn

Es ist Advent

Die Blumen sind verblüht im Tal, die Vöglein heimgezogen;
der Himmel schwebt so grau und fahl, es brausen kalte Wogen.
Und doch nicht Leid im Herzen brennt:
Es ist Advent!

Es zieht ein Hoffen durch die Welt, ein starkes, frohes Hoffen;
das schließet auf der Armen Zelt und macht Paläste offen;
das kleinste Kind die Ursach kennt:
Es ist Advent!

Advent, Advent, du Lerchensang von Weihnachtsfrühlingstunde!
Advent, Advent, du Glockenklang vom neuen Gnadenbunde!
Du Morgenstrahl von Gott gesendet!
Es ist Advent!

Friedrich Wilhelm Kritzinger

Advent, Advent

1. Advent, Advent, wenn's Lichtlein brennt,
das erste von den weihnachtsvieren,
dann öffnen sich die ersten Türen,
an dem Kalender weihnachtlich.
Ach, schöne Zeit - wie freu ich mich!

2. Advent, Advent, ein Lichtlein brennt.
Die erste Freude - wie ein Traum,
schön ist geschmückt der erste Raum,
schon duftet es nach Plätzchen weit,
aufregend ist die Nik'lauszeit.

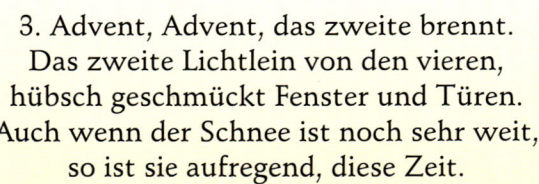

3. Advent, Advent, das zweite brennt.
Das zweite Lichtlein von den vieren,
hübsch geschmückt Fenster und Türen.
Auch wenn der Schnee ist noch sehr weit,
so ist sie aufregend, diese Zeit.

4. Advent, Advent, das dritte Lichtlein brennt,
die Erwartung wird groß, die Spannung steigt,
Kinder freu'n sich auf die Ferienzeit.
Es wird gebastelt und leise gesungen,
die Vorfreude steigt bei Alten und Jungen.

5. Advent, Advent, das vierte Lichtlein brennt,
so ist in mancher Weihnachtszeit
der Heilige Abend nicht mehr weit.
Und nah ist auch der Wunsch auf Erden,
es möge friedlich und besinnlich werden.

Andrea Bigalke

Adventszauber

Tannenduft und Kerzenschein,
gemütlich beieinander sein,
Geschenke verpacken -
bunt und schön,
mit Kärtchen und Bändern -
hübsch verseh'n.

Herzliche Worte machen sich breit.
Herzerwärmend - Glückseligkeit.
Gebackene Plätzchen
und Bratapfelduft,
der Zauber der Weihnacht
liegt längst in der Luft.

Kurzweilig vergessen
sind Kummer und Leid,
ach, wäre doch immer

Winter-Advents-Zauber-Zeit!

Andrea Bigalke

Es treibt der Wind

Es treibt der Wind im Winterwalde
die Flockenherde wie ein Hirt
und manche Tanne ahnt, wie balde
sie fromm und lichterheilig wird;
und lauscht hinaus. Den weißen Wegen
streckt sie die Zweige hin - bereit
und wehrt dem Wind und wächst entgegen
der einen Nacht der Herrlichkeit.

Rainer Maria Rilke

Immer ein Lichtlein mehr

Immer ein Lichtlein mehr
im Kranz, den wir gewunden,
dass er leuchte uns so sehr
durch die dunklen Stunden.

Zwei und drei und dann vier!
Rund um den Kranz welch ein Schimmer,
und so leuchten auch wir,
und so leuchtet das Zimmer.

Und so leuchtet die Welt
langsam der Weihnacht entgegen.
Und der in Händen sie hält,
weiß um den Segen!

Matthias Claudius

Der Weihnachtsstern

Von Osten strahlt ein Stern herein
mit wunderbarem hellen Schein.

Es naht, es naht ein himmlisch Licht,
das sich in tausend Strahlen bricht!

Ihr Sternlein auf dem dunklen Blau,
die all ihr schmückt des Himmels Bau,
zieht euch zurück vor diesem Schein,
ihr werdet alle winzig klein!

Verdunkelt, Sonnenlicht und Mond,
die ihr so stolz am Himmel thront.

Er nahet heilig leuchtend fern,
vom Osten her der Weihnachtsstern.

Franz Graf von Pocci

Nüsseknacken

Holler, boller, Rumpelsack,
Niklas trug ihn huckepack,
Weihnachtsnüsse gelb und braun,
runzlig, punzlig anzuschau'n.

Knackt die Schale, springt der Kern,
Weihnachtsnüsse ess' ich gern'.
Komm bald wieder in dies' Haus,
guter alter Nikolaus.

Albert Sergel

Es schneit

Es schneit, es schneit.
Es ist Winterzeit!

Hurra,
wir können Schneeschuhlaufen,
die Großen können Glühwein ... trinken.
Hurra, wir toben auf Schlitterbahnen.
Es duftet nach Zimt und Marzipanen.

Es riecht nach Plätzchen, Stollen, Kuchen,
den wir heimlich nachts versuchen.
Die Schranktüren sind wieder abgeschlossen,
was clevere Kinder nicht macht verdrossen.
Die Eltern sind wieder wenig zu Haus,
weil Weihnachtsshopping treibt sie raus.

Es gibt im Advent schon die kleinen Braten,
die uns Freude machen beim Festtagswarten,
Desserts und Cocktails kalt und heiß;
es schmeckt so lecker das Rumtopfeis.

Es schneit, es schneit,
es ist soweit:
Lecker duftende Weihnachtszeit.

Andrea Bigalke

Weihnachtswunsch

Ob's draußen stürmt, ob's draußen schneit,
das soll mich nicht betrüben;
ist's doch die frohe Weihnachtszeit,
die alle Kinder lieben.
Da geht ein Engel durch die Welt,
der alle Wünsche höret,
und was ein gutes Kind bestellt,
das wird ihm auch gewähret.
Ich denke still der Eltern mein,
die mich so herzlich lieben.
Lass, Gott, mich ihre Freude sein,
sie nimmermehr betrüben.

Volksgut aus dem 19. Jahrhundert

Warten auf Weihnacht

Plätzchen backen,
Geschenke packen,
weihnachtliche Klänge,
leise Liedgesänge.
Kerzenlicht in großer Zahl
zur Märchenzeit: „Es war einmal …“.

Aufgeregte Kinderaugen,
die in alle Schränke schauen,
suchen nach den schönen Dingen,
die erst soll Knecht Ruprecht bringen.
Zimtgeruch und Weihnachtspunsch,
erfüllt sich bald der größte Wunsch?

Erwartungsvoll ist diese Zeit
und Weihnachten nun nicht mehr weit.
Advent - mit Trubel und Gewimmel!
Ein Leuchten weit am Sternenhimmel
verkündet schon die Weihnachtsnacht,
die alle Menschen
glücklich macht.

Kathrin Schmigalle

Sprüche an den Weihnachtsmann

Ruprecht, Ruprecht, guter Gast
hast du mir was mitgebracht?
Hast du was, dann setz dich nieder,
hast du nichts, dann geh gleich wieder.

Volksgut

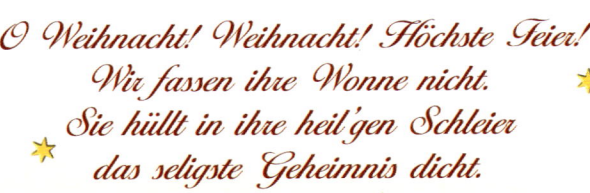

O Weihnacht! Weihnacht! Höchste Feier!
Wir fassen ihre Wonne nicht.
Sie hüllt in ihre heil'gen Schleier
das seligste Geheimnis dicht.

2. Strophe aus „Weihnacht" - Nikolaus Lenau

Ei, du lieber heiliger Christ,
komm nur nicht, wenn's finster ist,
komm im hellen Mondenschein,
wirf mir Nüss' und Äpfel rein!

Volksgut

Ein frommer Zauber hält mich wieder,
anbetend, staunend muss ich steh'n;
es sinkt auf meine Augenlider
ein gold'ner Kindertraum hernieder,
ich fühl's - ein Wunder ist gescheh'n.

Theodor Storm

Knecht Ruprecht, du trägst huckepack
auf deinem Rücken einen Sack.
Sag, sind darin auch Pfefferkuchen?
Die möchte ich schrecklich gern versuchen!
Volksgut

Du musst dich sicher plagen,
den schweren Sack zu tragen.
Drum, lieber Nikolaus,
pack ihn doch einfach aus.
Volksgut

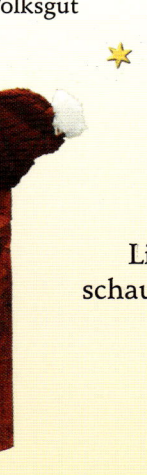

Lieber, guter Weihnachtsmann,
schau mich kleinen Knirps hier an,
gib mir 'nen Apfel
und 'ne Nuss,
weil ich doch noch
wachsen muss.
Volksgut

Wenn über Wege tiefbeschneit

Wenn über Wege tiefbeschneit
der Schlitten lustig rennt,
im Spätjahr in der Dämmerzeit,
die Wochen im Advent,
wenn aus dem Schnee das junge Reh
sich Kräuter sucht und Moose,
blüht unverdorrt im Frost noch fort
die weiße Weihnachtsrose.

Kein Blümchen sonst auf weiter Flur;
in ihrem Dornenkleid
nur sie, die nied're Distel nur
trotz allem Winterleid;
das macht, sie will erwarten still,
bis sich die Sonne wendet,
damit sie weiß, dass Schnee und Eis
auch diesmal wieder endet.

Doch ist's gescheh'n, nimmt fühlbar kaum
der Nächte Dunkel ab,
dann sinkt mit einem Hoffnungstraum
auch sie zurück ins Grab.
Nun schläft sie gern; sie hat von fern
des Frühlings Gruß vernommen,
und o wie bald wird glanzumwallt
er sie zu wecken kommen.

Hermann Lingg

Vom Weihnachtsmann

Mein Name ist in Stadt und Land
den Kindern immer wohlbekannt.

Hier nennt man mich den Weihnachtsmann,
doch wie heiß' ich denn nebenan?

In England bin ich Santa Claus
und kenn' mich in Kaminen aus.

In Russland heiß' ich Väterchen Frost,
der eisige Mann von West bis Ost.

In Niederlande bin ich Sinterklaas,
von viel Gedichten weiß ich was.

Bei den Franzosen bin ich Père Noël
und tanz' und sing' als Festgesell.

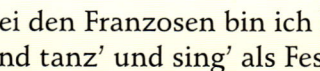

Der Heilige Vassilius bin ich in Griechenland,
als Joulopukki bin ich in Dänemark bekannt.

Geschenke jedoch in Italien bringt
die Hexe La Befana jedem Kind.

So hab' ich noch der Namen viel
zum Weihnachts- und Winterfest

und Traditionen mit Glaub' und Spiel
von November an bis Jänners Rest.

Doch eines ist gleich in jedem Land:
Es ist als Fest der Liebe uns bekannt.

Andrea Bigalke

Die hohen Tannen

Die hohen Tannen atmen heiser
im Winterschnee, und bauschiger
schmiegt sich sein Glanz um alle Reiser.
Die weißen Wege werden leiser,
die trauten Stuben lauschiger.

Da singt die Uhr, die Kinder zittern:
Im grünen Ofen kracht ein Scheit
und stürzt in lichten Lohgewittern, -
und draußen wächst im Flockenflittern
der weiße Tag zu Ewigkeit.

Rainer Maria Rilke

Knecht Ruprecht

Draußen weht es bitterkalt,
wer kommt da durch den Winterwald?
Stippstapp, stippstapp und huckepack -
Knecht Ruprecht ist's mit seinem Sack.
Was ist denn in dem Sacke drin?
Äpfel, Mandeln und Rosin'
und schöne Zuckerrosen,
auch Pfeffernüss' für's gute Kind;
die andern, die nicht artig sind,
klopft er auf die Hosen.

Martin Boelitz

Christkindchen

Wo die Zweige am dichtesten hangen,
die Wege am tiefsten verschneit,
da ist um die Dämmerzeit
im Walde das Christkind gegangen.

Es musste sich wacker plagen,
denn einen riesigen Sack
hat's meilenweit huckepack
auf den schmächtigen Schultern getragen.

Zwei spielende Häschen saßen
geduckt am schneeigen Rain.
Die traf solch blendender Schein,
dass sie das Spielen vergaßen.

Doch das Eichhorn hob schnuppernd die Ohren
und suchte die halbe Nacht,
ob das Christkind von all seiner Pracht
nicht ein einziges Nüsschen verloren.

Anna Ritter

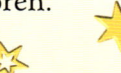

Christbaum

Wie schön geschmückt der festliche Raum!
Die Lichter funkeln am Weihnachtsbaum!
O fröhliche Zeit! O seliger Traum!

Die Mutter sitzt in der Kinder Kreis;
nun schweiget alles auf ihr Geheiß:
Sie singet des Christkinds Lob und Preis.

Und rings, vom Weihnachtsbaum erhellt,
ist schön in Bildern aufgestellt
des heiligen Buches Palmenwelt.

Die Kinder schauen der Bilder Pracht,
und haben wohl des Singen acht,
das tönt so süß in der Weihenacht!

O glücklicher Kreis im festlichen Raum!
O gold'ne Lichter am Weihnachtsbaum!
O fröhliche Zeit! O seliger Traum!

Peter Cornelius

St. Niklas' Auszug

St. Niklas zieht den Schlafrock aus,
klopft seine lange Pfeife aus
und sagt zur heiligen Kathrein:

„Öl' mir die Wasserstiefel ein,
bitte, hol' auch den Knotenstock
vom Boden und den Fuchspelzrock;
die Mütze lege obenauf,
und schütt' dem Esel tüchtig auf,
halt' auch sein Sattelzeug bereit!
Wir reisen, es ist Weihnachtszeit.
Und dass ich's nicht vergess', ein Loch
ist vorn im Sack, das stopfe noch!
Ich geh' derweil zu Gottes Sohn
und hol' mir meine Instruktion."

Die heil'ge Käthe, sanft und still,
tut alles, was St. Niklas will.
Der klopft indes beim Herrgott an;
St. Peter hat ihm aufgetan
und sagt: „Grüß Gott! Wie schaut's denn aus?"
und führt ihn ins himmlische Werkstättenhaus.
Da sitzen die Englein an langen Tischen,
ab und zu Feen dazwischen,
die den kleinsten zeigen, wie's zu machen,
und weben und kleben die niedlichsten Sachen,

hämmern und häkeln, schnitzen und schneidern,
fälteln die Stoffe zu niedlichen Kleidern,
packen die Schachteln, binden sie zu
und haben so glühende Bäckchen wie du!

Herr Jesus sitzt an seinem Pult
und schreibt mit Liebe und Geduld
eine lange Liste. Potz Element,
wie viel artige Kinder Herr Jesus kennt!
Die sollen die schönen Engelsgaben
zu Weihnachten haben.

Was fertig ist, wird eingepackt
und auf das Eselchen gepackt.
St. Niklas zieht sich recht warm an -
Kinder, er ist ein alter Mann,
und es fängt tüchtig an zu schnei'n,
da muss er schon vorsichtig sein!

So geht es durch die Wälder im Schritt,
manch' Tannenbäumchen nimmt er mit;
und wo er wandert, bleibt im Schnee
manch' Futterkörnchen für Hase und Reh.
Aus Haus und Hütte strahlt es hell,
da hebt er dem Esel den Sack vom Fell,
macht leise alle Türen auf,

jubelnd umdrängt ihn der kleine Hauf':
„St. Niklas, St. Niklas, was hast du gebracht?
Was haben die Englein für uns gemacht?"

„Schön' Ding! Gut' Ding!
Aus dem himmlischen Haus!
Langt in den Sack! Holt euch was raus."

Paula Dehmel

Schenken

Schenke groß oder klein,
aber immer gediegen.
Wenn die Bedachten
die Gaben wiegen,
sei Dein Gewissen rein.

Schenke herzlich und frei.
Schenke dabei,
was in Dir wohnt
an Meinung, Geschmack und Humor,
so dass die eigene Freude zuvor
Dich reichlich belohnt.

Schenke mit Geist ohne List.
Sei eingedenk,
dass Dein Geschenk
Du selber bist.

Joachim Ringelnatz

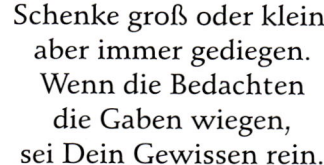

Wunderweiße Nächte

Es gibt so wunderweiße Nächte,
drin alle Dinge Silber sind.
Da schimmert mancher Stern so lind,
als ob er fromme Hirten brächte
zu einem neuen Jesuskind.

Weit wie mit dichtem Diamantstaube
bestreut, erscheinen Flur und Flut,
und in die Herzen, traumgemut,
steigt ein kapellenloser Glaube,
der leise seine Wunder tut.

Rainer Maria Rilke

Die Legende vom Tannenbaum

In der Bergpredigt,
wie bei Matthäus zu lesen,
ist auch von Bäumen die Rede gewesen.

Der Heiland hatte gesagt, dass Feigen
nicht reifen könnten auf Distelzweigen,
dass Trauben nicht wüchsen am Dornenhange,
und dass der Baum, der nicht Früchte trage,
zu gar nichts wert erscheine auf Erden,
als abgehau'n und verbrannt zu werden.

Und als er geendet, da ist schon bald
ein Streiten entstanden im nahen Wald.

Die Disteln, welche die Rede gehört,
waren über die Maßen empört
und haben so recht überlegen gesagt:
„Wir haben noch immer den Eseln behagt!"
Die Dornen reckten die scharfen Spitzen
und sagten: „Das lassen wir nicht auf uns sitzen!"

Die gelben, aufgedunsenen Feigen
zeigten ein blasses blasiertes Schweigen,
und die Trauben blähten sich gar nicht schlecht
und knarrten geschwollen:
„So ist es recht!"

Nur ein zierlicher Tannenbaum
stand verschüchtert, rührte sich kaum,
horchte nicht auf das Rühmen und Klagen,
hat sich still und bescheiden betragen
und dachte und dachte in einem fort
an des Heilandes richtende Wort.

Er fühlte sich ganz besonders getroffen;
er hatte kein Recht, auf Gnade zu hoffen;
die erste Art musste ihn zerschlagen;
er wusste nur Tannenzapfen zu tragen;
Früchte hatte er nie gebracht,
das hat ihn niedergeschlagen gemacht.

Als sich nun aber die Sonne versteckt
und tiefes Dunkel die Erde deckt,
und, ermüdet vom Reden und Klagen,
die anderen Bäume im Schlummer lagen,
wollte er nichts von Schlummer wissen,
hat die Wurzeln aus dem Erdreich gerissen,
und unbemerkt in stiller Nacht
hat er sich still auf den Weg gemacht,
um nach dem strengen Heiland zu gehen
und milderes Urteil sich zu erflehen.
Und als er nach mühseligen Stunden
endlich den lang Gesuchten gefunden

und ihm sein Leid recht herzlich geklagt,
da hat der Heiland lächelnd gesagt:

„Wisse, dass seit Beginn der Welt
ein jeglicher Fluch seinen Segen enthält,
und dass in jeglichem Segensspruch
verborgen liegt ein heimlicher Fluch!

Den Feigen brachte nur Fluch mein Segen,
weil sie jetzt sündigen Hochmut hegen;
die Trauben haben mir nicht gedankt,
die haben sich nur mit den Dornen gezankt;
die Disteln ließen sich nicht belehren,
die konnten den Fluch nicht zum Segen kehren;
du aber hast dich besser bedacht!

Du hast aus dem Fluch einen Segen gemacht!
Und dein Bittgang sei nicht umsonst gewagt!
Zwar - was gesagt ist, das bleibt gesagt!

Dein Schicksal ist jetzt nicht mehr zu trennen
vom Abhau'n und im-Ofen-verbrennen;
aber: Ich will dich erheben und ehren,
ich will einen rühmlichen Tod dir bescheren!
Dich soll kein Winterschlaf traurig umschließen!
Ein doppeltes Leben sollst du genießen!

Und auf deinen zierlichen Zweigen
sollen die herrlichsten Früchte sich zeigen,
soll man Lichter und Zierrat schau'n!
Freilich - erst wenn du abgehau'n!

Sei wie ein Held, der für andere leidet,
der in blühender Jugend strahlend verscheidet!
Damit dein Leben, das kurz, doch reiche,
meinem irdischen Wandel gleiche!
Du sollst ein Bote des Friedens sein!
Du sollst glänzen wie ein Heiligenschein!
Den Kindern sollst du Freude verkünden!
Den Sünder wecken aus seinen Sünden!
Gesang und Jubel soll dich umtönen!
Mein liebstes Fest sollst du lieblich verschönen!
So bist du von allen Bäumen hienieden
der gesegnetste! - Zieh hin in Frieden!"

Friedrich Güll

Weihnachten

O schöne, herrliche Weihnachtszeit,
was bringst du Lust und Fröhlichkeit!
Wenn der heilige Christ in jedem Haus
teilt seine lieben Gaben aus.

Und ist das Häuschen noch so klein,
so kommt der heil'ge Christ hinein,
und alle sind ihm lieb wie die Seinen,
die Armen und Reichen, die Großen und Kleinen.

Der heilige Christ an alle denkt,
ein jedes wird von ihm beschenkt.
Drum lasst uns freuen und dankbar sein!
Er denkt auch unser, mein und dein!

A. H. Hoffmann von Fallersleben

Es war einmal eine Glocke

Es war einmal eine Glocke,
die machte baum, baum.
Und es war einmal eine Flocke,
die fiel dazu wie im Traum.

Die fiel dazu wie im Traum.
Die sank so leis' hernieder
wie ein Stück Engleingefieder
aus dem silbernen Sternenraum.

Es war einmal eine Glocke,
die machte baum, baum.
Und dazu fiel eine Flocke,
so leise wie im Traum.

So leis' als wie ein Traum.
Und als vieltausend gefallen leis',
da war die ganze Erde weiß,
als wie von Engleinflaum.

Da war die ganze Erde weiß,
als wie von Engleinflaum.

Christian Morgenstern

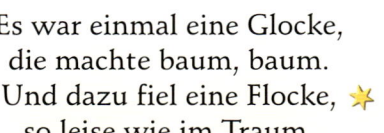

Lasst uns froh und munter sein

1. Lasst uns froh und mun - ter sein

und uns recht von Her - zen freu'n!

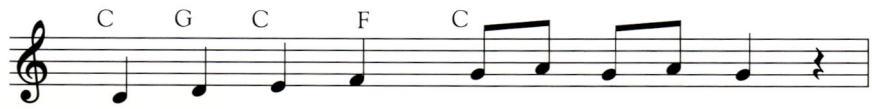

1. - 5. Lus - tig, lu - stig, tra - le ra - le - ra!

Bald ist Nik' - laus - a - bend da,

bald ist Nik' - laus - a - bend da!

2. Dann stell' ich den Teller auf,
   Nik'laus legt gewiss was drauf.
   Lustig, lustig, ...

3. Wenn ich schlaf', dann träume ich:
   Jetzt bringt Nik'laus was für mich.
   Lustig, lustig, ...

4. Wenn ich aufgestanden bin,
   lauf' ich schnell zum Teller hin.
   Lustig, lustig, ...

5. Nik'laus ist ein guter Mann,
   dem man nicht genug danken kann.
   Lustig, lustig, ...

Volksweise aus dem 19. Jahrhundert

Guten Abend, schön Abend

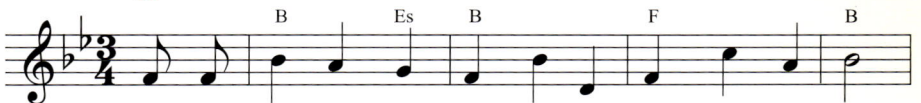

Gu - ten A-bend, schön A-bend, es weih-nach-tet schon.

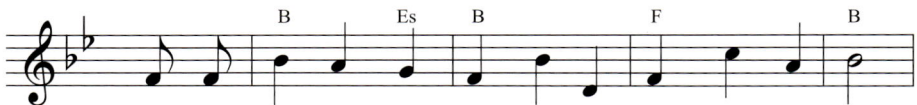

Gu - ten A-bend, schön A-bend, es weih-nach-tet schon.

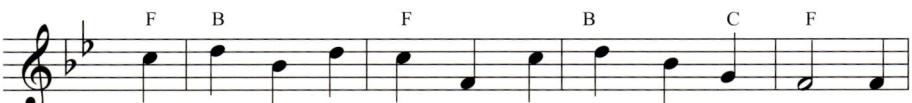

1. Am Kran-ze die Lich-ter, die leuch-ten so fein, sie

ge-ben der Hei - mat ein'n hell-lich-ten Schein.

Volksweise aus Kärnten

Süßer die Glocken nie klingen

1. Sü - ßer die Glok-ken nie klin - gen, als zu der

Weih - nachts - zeit, grad als ob En - ge - lein

sin - gen wie - der von Frie-den und Freud'.

Wie sie ge-sun-gen in se - li - ger Nacht, wie sie ge-

sun-gen in se - li - ger Nacht. Glok-ken, mit hei - li - gem

Klang, ———— klin - get die Er - de ent - lang.

2. O, wenn die Glocken erklingen,
   schnell sie das Christkindlein hört;
   tut sich vom Himmel dann schwingen
   eilig hernieder zur Erd'.
   ‖: Segnet den Vater, die Mutter, das Kind. :‖
   Glocken mit heiligem Klang ...

3. Klinget mit lieblichem Schalle
   über die Meere noch weit,
   dass sich erfreuen doch alle
   seliger Weihnachtszeit.
   ‖: Alle aufjauchzen mit herrlichem Sang. :‖
   Glocken mit heiligem Klang ...

Volksweise aus Thüringen,
Text: Friedrich Wilhelm Kritzinger

Leise rieselt der Schnee

1. Lei - se rie - selt der Schnee,

still und starr ruht der See,

weih-nacht-lich glän - zet der Wald:

Freu - e dich, Christ-kind kommt bald!

2. In den Herzen ist's warm,
   still schweigt Kummer und Harm,
   Sorge des Lebens verhallt:
   Freue dich, Christkind kommt bald!

3. Bald ist heilige Nacht,
   Chor der Engel erwacht,
   hört nur, wie lieblich es schallt:
   Freue dich, Christkind kommt bald!

Volksweise, Text: Eduard Ebel

Morgen kommt der Weihnachtsmann

1. Mor - gen kommt der Weih - nachts - mann,

kommt mit sei - nen Ga - ben.

Bun - te Lich - ter, Sil - ber - zier,

Kind mit Krip - pe, Schaf und Stier,

Zot - tel - bär und Pan - ther - tier

möcht' ich ger - ne ha - ben.

2. Bring uns lieber Weihnachtsmann,
   bring auch morgen, bringe
   eine schöne Eisenbahn,
   Bauernhof mit Huhn und Hahn,
   einen Pfefferkuchenmann,
   lauter schöne Dinge.

3. Doch du weißt ja unser'n Wunsch,
   kennst ja uns're Herzen.
   Kinder, Vater und Mama,
   auch sogar der Großpapa,
   alle, alle sind wir da,
   warten dein mit Schmerzen.

Volksweise, Text: frei nach
A. H. Hoffmann von Fallersleben

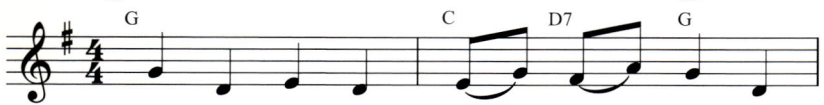

Morgen, Kinder, wird's was geben

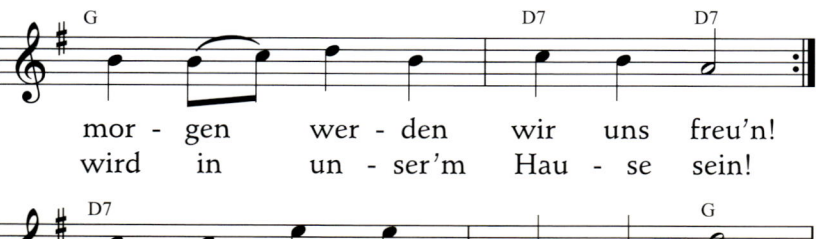

1. Mor - gen, Kin - der, wird's was ge - ben,
Welch ein Ju - bel, welch ein Le - ben

mor - gen wer - den wir uns freu'n!
wird in un - ser'm Hau - se sein!

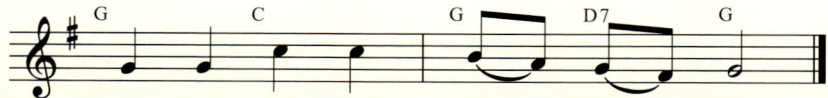

Ein - mal wer - den wir noch wach,

hei - ßa, dann ist Weih - nachts - tag!

2. Wie wird dann die Stube glänzen
   von der großen Lichterzahl,
   schöner als bei frohen Tänzen
   ein geputzter Kronensaal.
   Wisst ihr noch vom vor'gen Jahr,
   wie's am Weihnachtsabend war?

3. Wisst ihr noch mein Räderpferdchen,
   Malchens nette Schäferin,
   Jettchens Küche mit dem Herdchen
   und dem blankgeputzten Zinn?
   Heinrichs bunten Harlekin
   mit der gelben Violin?

4. Welch' ein schöner Tag ist morgen!
   Viele Freuden hoffen wir;
   uns're lieben Eltern sorgen
   lange, lange schon dafür.
   O gewiss, wer sie nicht ehrt,
   ist der ganzen Lust nicht wert!

Weise: Carl Gottlieb Hering,
Text: Martin Friedrich Philipp Bartsch

Fröhliche Weihnacht überall

1.-3. „Fröh__ - li - che Weih - nacht ü - ber - all!"   tö -net durch die

Lüf-te   fro - her Schall,   Weih-nachts-ton,   Weih-nachts-baum,

Weih-nachts-duft in je - dem_ Raum! „Fröh_-li-che Weih-nacht

ü - ber - all!"   tö - net durch die Lüf - te fro - her Schall.

1. Da - rum al - le   stim_- met   in den Ju - bel - ton,

denn es kommt das Licht der Welt   von des Va - ters Thron.

2. „Fröhliche Weihnacht überall!"
tönet durch die Lüfte froher Schall.
Weihnachtston, Weihnachtsbaum,
Weihnachtsduft in jedem Raum!
„Fröhliche Weihnacht überall!"
tönet durch die Lüfte froher Schall.
Licht auf dunklem Wege,
unser Licht bist du,
denn du führst, die dir vertrau'n,
ein zur sel'gen Ruh.

3. „Fröhliche Weihnacht überall!"
tönet durch die Lüfte froher Schall.
Weihnachtston, Weihnachtsbaum,
Weihnachtsduft in jedem Raum!
„Fröhliche Weihnacht überall!"
tönet durch die Lüfte froher Schall.
Was wir ander'n taten,
sei getan für dich,
dass bekennen muss,
Christkind kam für mich.

Volksweise aus England,
Text: A. H. Hoffmann von Fallersleben

Kling, Glöckchen, klingelingeling

1.- 3. Kling, Glöck-chen, klin - ge - lin - ge - ling,

kling, Glöck-chen, kling! 1. Lasst mich ein, ihr Kin - der,

ist so kalt der Win - ter, öff - net mir die Tü - ren,

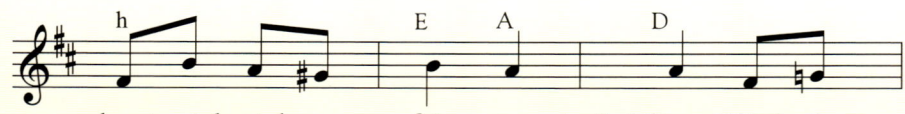

lasst mich nicht er - frie - ren. 1.- 3. Kling, Glöck-chen,

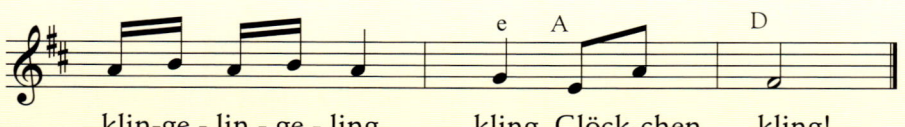

klin-ge - lin - ge - ling, kling Glöck-chen, kling!

2. Kling, Glöckchen ...
   Mädchen hört und Bübchen,
   macht mir auf das Stübchen,
   bring' euch milde Gaben,
   sollt euch dran erlaben.
   Kling, Glöckchen ...

3. Kling, Glöckchen ...
   Hell erglüh'n die Kerzen,
   öffnet mir die Herzen,
   will drin wohnen fröhlich,
   frommes Kind, wie selig.
   Kling, Glöckchen ...

Weise: Benedikt Widmann,
Text: Ernst Enslin

Schneeflöckchen, Weißröckchen

1. Schnee- flöck- chen, Weiß - röck - chen, wann

kommst du ge - schneit; du wohnst in den

Wol - ken, dein Weg ist so weit.

2. Komm, setz dich ans Fenster,
du lieblicher Stern;
malst Blumen und Blätter,
wir haben dich gern.

3. Schneeflöckchen, du deckst uns
die Blümelein zu,
dann schlafen sie sicher
in himmlischer Ruh'.

Volksweise

Vom Himmel hoch

1. Vom Himmel hoch, da komm ich her.
   Ich bring euch gute neue Mär,
   der guten Mär bring ich so viel,
   davon ich sing'n und sagen will.

2. Euch ist ein Kindlein heut' gebor'n,
   von einer Jungfrau auserkor'n,
   ein Kindelein, so zart und fein,
   das soll eu'r Freud' und Wonne sein.

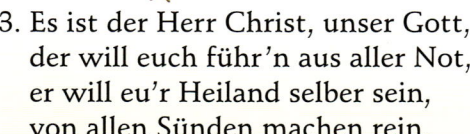

3. Es ist der Herr Christ, unser Gott,
   der will euch führ'n aus aller Not,
   er will eu'r Heiland selber sein,
   von allen Sünden machen rein.

4. Er bringt euch alle Seligkeit,
   die Gott der Vater hat bereit't,
   dass ihr mit uns im Himmelreich
   sollt leben nun und ewiglich.

5. So merket nun das Zeichen recht:
   Die Krippen, Windelein so schlecht.
   Da findet ihr das Kind gelegt,
   das alle Welt erhält und trägt.

Auszug, Strophe 1 - 5, Melodie und Text: Martin Luther

Alle Jahre wieder

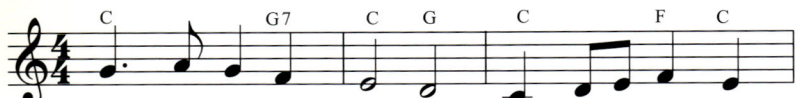

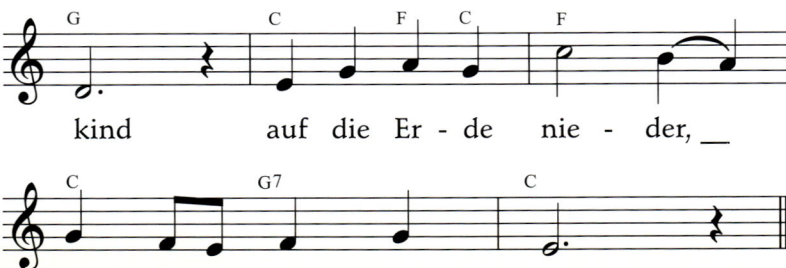

1. Al - le Jah - re wie - der kommt das Chris-tus -
kind auf die Er - de nie - der, __
wo wir Men - schen sind.

2. Kehrt mit seinem Segen
ein in jedes Haus,
geht auf allen Wegen
mit uns ein und aus.

3. Steht auch mir zur Seite
still und unerkannt,
dass es treu mich leite
an der lieben Hand.

Volksweise, Text: Johann Wilhelm Hey

O du fröhliche

1. O du fröh - li - che, o du se - li - ge,

gna - den - brin - gen - de Weih - nachts - zeit!

Welt ging ver - lo - ren, Christ ward ge - bo - ren:

Freu - e, freu - e dich, o Chri - sten - heit!

2. O du fröhliche, o du selige,
   gnadenbringende Weihnachtszeit!
   Christ ist erschienen, uns zu versühnen:
   Freue, freue dich, o Christenheit!

3. O du fröhliche, o du selige,
   gnadenbringende Weihnachtszeit!
   Himmlische Heere jauchzen dir Ehre:
   Freue, freue dich, o Christenheit!

Volksweise aus Sizilien um 1800,
Text: Johannes Daniel Falk & Heinrich Holzschuher

O Tannenbaum

1. O Tan - nen - baum, o Tan - nen- baum, wie grün sind dei - ne Blät-ter! Du grünst nicht nur zur Som - mer - zeit, nein, auch im Win - ter, wenn es schneit. O Tan - nen - baum, o Tan- nen- baum, wie grün sind dei - ne Blät - ter.

2. O Tannenbaum, o Tannenbaum,
   du kannst mir sehr gefallen!
   Wie oft hat schon zur Weihnachtszeit
   ein Baum von dir mich hocherfreut!
   O Tannenbaum, o Tannenbaum,
   du kannst mir sehr gefallen!

3. O Tannenbaum, o Tannenbaum,
   dein Kleid will mich was lehren:
   Die Hoffnung und Beständigkeit
   gibt Trost und Kraft zu jeder Zeit,
   o Tannenbaum, o Tannenbaum,
   dein Kleid will mich was lehren.

Volksweise aus Westfalen um 1800,
Text: Ernst Anschütz & August Zarnack

Ihr Kinderlein, kommet

1. Ihr Kin - der - lein, kom - met, o kom - met doch

all! Zur Krip - pe her - kom - met in

Beth - le - hems Stall und seht, was in

die - ser hoch - hei - li - gen Nacht der

Va - ter im Him - mel für Freu - de uns macht.

2. O seht in der Krippe im nächtlichen Stall,
   seht hier bei des Lichtleins hell glänzendem Strahl
   den lieblichen Knaben, das himmlische Kind,
   viel schöner und holder, als Engelein sind!

3. Da liegt es, das Kindlein, auf Heu und auf Stroh,
   Maria und Joseph betrachten es froh.
   Die redlichen Hirten knien betend davor,
   hoch oben schwebt jubelnd der Engelein Chor.

4. O beugt, wie die Hirten, anbetend die Knie,
   erhebet die Händlein und danket wie sie,
   stimmt freudig, ihr Kinder, wer wollt' sich nicht freu'n,
   stimmt freudig zum Jubel der Engel mit ein!

Weise: Johann Abraham Peter Schulz,
Text: Christoph von Schmid

Am Weihnachtsbaum die Lichter brennen

1. Am Weih - nachts - baum die Lich - ter
bren - nen, wie glänzt er fest - lich, lieb und
mild, als spräch' er: „Wollt in mir er-
ken - nen Ge - treu- er Hoff- nung stil - les Bild!"

2. Die Kinder steh'n mit hellen Blicken,
   das Auge lacht, es lacht das Herz,
   o fröhlich seliges Entzücken!
   Die Alten schauen himmelwärts.

3. Zwei Engel sind hereingetreten,
   kein Auge hat sie kommen seh'n,
   sie geh'n zum Weihnachtstisch und beten,
   und wenden wieder sich und geh'n.

4. „Gesegnet seid ihr alten Leute,
   gesegnet sei du kleine Schar!
   Wir bringen Gottes Segen heute
   dem braunen wie dem weißen Haar."

5. „Zu guten Menschen, die sich lieben,
   schickt uns der Herr als Boten aus,
   und seid ihr treu und fromm geblieben,
   wir treten wieder in dies' Haus."

6. Kein Ohr hat ihren Spruch vernommen;
   unsichtbar jedes Menschen Blick
   sind sie gegangen wie gekommen;
   doch Gottes Segen blieb zurück!

Volksweise, Text: nach Hermann Kletke

Stille Nacht

1. Stil - le Nacht, hei - li - ge Nacht!

Al - les schläft, ein - sam wacht

nur das trau - te hoch - hei - li - ge Paar;

hol - der Kna - be im lo - cki-gen Haar,

schlaf in himm - li - scher Ruh, _____

schlaf in himm - li - scher Ruh! _____

2. Stille Nacht, heilige Nacht!
   Gottes Sohn, o wie lacht
   Lieb' aus deinem holdseligen Mund,
   da uns schlägt die rettende Stund,
   ‖: Christ, in deiner Geburt! :‖

3. Stille Nacht, heilige Nacht!
   Lange schon uns bedacht
   als der Herr, vom Grimme befreit,
   in der Väter urgrauer Zeit
   ‖: aller Welt Schonung verhieß. :‖

4. Stille Nacht, heilige Nacht!
   Hirten erst kund gemacht;
   durch der Engel Halleluja
   tönt es laut von fern und nah:
   ‖: Christ, der Retter, ist da! :‖

Weise: Franz Xaver Gruber,
Text: Joseph Mohr

In meinem kleinen Apfel

1.
In meinem kleinen Apfel,
da sieht es lustig aus:
Es sind darin fünf Stübchen
grad wie in einem Haus.

2.
In jedem Stübchen wohnen
zwei Kernchen schwarz und fein,
die liegen drin und träumen
vom lieben Sonnenschein.

3.
Sie träumen auch noch weiter
gar einen schönen Traum,
wie sie einst werden hängen
am lieben Weihnachtsbaum.

Melodie: Wolfgang Amadeus Mozart,
Text: Volkstümlich

Mandelbrot-Plätzchen

Zutaten:
- 200 g Butter
- 300 g Zucker
- 2 Eier
- 1 Prise Zimt
- 250 g Mandeln
- 500 g Mehl
- 1/2 Pck. Backpulver

Rezept:
Die zerlassene, etwas abgekühlte Butter mit
dem Zucker verrühren. Dann Eier, Zimt, Mandeln
dazugeben und schließlich das Mehl mit
dem Backpulver langsam unterkneten.
Aus dem Teig 5 Rollen mit 3 - 4 cm Durchmesser formen,
in Folie wickeln und ins Gefrierfach legen.
Nach 2 - 3 Stunden die Rollen auswickeln und in ca. 5 mm
dicke Scheiben schneiden, auf ein Backblech legen und
bei 180 °C Umluft ca. 10 Minuten hellbraun backen.

Gebrannte Mandeln

Zutaten:
- 50 ml Wasser
- 200 g Zucker
- 1 Pck. Vanillezucker
- 1 TL Zimt
- 200 g Mandeln

Rezept:
Alle Zutaten, außer die Mandeln, miteinander verrühren und in einer Pfanne langsam zum Kochen bringen. Dann die Mandeln dazugeben und so lange unter ständigem Rühren kochen lassen, bis das Wasser verdampft ist. Weiterrühren bis der Zucker karamellisiert und die Mandeln schön glänzen. Nun die Mandeln auf einem Backblech verteilen und auskühlen lassen.

Zimtsterne

Zutaten für ca. 70 Sterne:
- 6 Eiweiße
- 500 g Puderzucker
- 500 g gemahlene Mandeln für den Teig
- 200 g gemahlene Mandeln zum Ausrollen
- 1 Tl Zitronensaft
- 2 Tl Zimt

Rezept:
Die Eiweiße mit dem Puderzucker steif schlagen.
Ca. 1/3 der Masse für die Glasur abnehmen und beiseite stellen.
Den Eischnee mit Zimt, Zitronensaft und den gemahlenen Mandeln
zu einem Teig verarbeiten, Frischhaltefolie auslegen, mit viel Mandelpulver bestreuen, den Teig raufgeben und mit Folie abdecken,
da der Teig sehr klebrig ist. Den Teig ca. 1/2 cm dick ausrollen,
die Folie abziehen und mit dem restlichen Eischnee glasieren.
Die Sterne ausstechen (die Form öfter in Wasser tauchen)
und auf Backpapier legen. Die Teigreste mit etwas Mandelpulver
verkneten und alles so lange wiederholen, bis kein Teig mehr da ist.
Nun die Sterne zum Trocknen ein paar Stunden
oder über Nacht kühl stellen.

Backen:
Im vorgeheizten Backofen bei 160 °C ca. 15 Minuten backen.
Die Sterne sollten hell und trocken, außen fest und innen weich sein.

Der Bratapfel

Zutaten:

- Äpfel
- Marzipanmasse
- Rosinen
- Haselnüsse
- Honig
- Schokoladenkuvertüre
- Vanillesauce
- Schlagsahne
- Zucker
- Zimt

Rezept:

Den Apfel (vorzugsweise Boskoop) gut waschen,
das Kerngehäuse ausstechen und so hinstellen, dass er nicht umfällt.
Oben die Öffnung vergrößern und einen Trichter einschneiden.
Den Apfel in eine Auflaufform stellen, die Marzipanmasse
mit den Rosinen mischen und in die Öffnung bis zum Boden drücken.
Darauf ganze Haselnüsse verteilen und mit 1 Tl Honig beträufeln.
Im gut vorgeheizten Ofen bei 180 °C ca. 30 Minuten backen.
Schokoladenkuvertüre im Wasserbad schmelzen.
Auf einen Teller Vanillesauce gießen, den heißen Apfel
in die Mitte setzen und die heiße Schokoladenkuvertüre darüber
geben, ein Sahnehäubchen oben drauf setzen und heiß servieren.

Vanillekipferl

Zutaten:
- 400 g Mehl
- 300 g Butter
- 150 g Zucker
- 200 g gemahlene Nüsse
- 2 Eier
- Puderzucker
- 2 Pck. Vanillezucker

Rezept:
Butter, Zucker, Vanillezucker und Eier verrühren,
das Mehl einkneten und die Nüsse einarbeiten.
Den Teig 30 Minuten kühl ruhen lassen.
Entweder den Teig in gleichgroße Stücke schneiden
und Hörnchen formen oder einfach mit einer
Ausstechform den Mond ausstechen und auf ein
Backblech mit Backpapier legen. Ofen vorheizen.
Bei 160 °C 10 - 20 Minuten hellgelb backen.
Anschließend noch heiß mit Puderzucker und
Vanillezucker bestäuben. Auskühlen lassen und
ab in die Keksdose.

Tipp:
Besonders vanillig wird es ohne Nüsse, dafür mit Vanillearoma.

Bratapfelsekt

Zutaten für 4 Personen:
- 2 mittelgroße Äpfel
- 1 El Rosinen
- 1 Tl Zucker
- Winterapfellikör
- trockener Sekt
- Eiswürfel

Rezept:
Zuerst das Bratapfelkompott herstellen:
Dazu beide Äpfel in kleine Würfel schneiden.
Die Hälfte der Menge mit den Rosinen, dem Zucker
und 1 cl Likör mischen und 2 Minuten in
der Mikrowelle weichdünsten. Kühl stellen.
Beide Apfelmengen miteinander mischen.
Nun die Eiswürfel in die Gläser, die Fruchtmasse
gleichmäßig verteilen und mit dem Likör
gut bedecken. Die Gläser mit Sekt auffüllen und
eiskalt servieren.

Tipp:
Der Likör hält 4 - 6 Wochen im Kühlschrank. Es macht
auch Spaß, sein ganz persönliches Mixgetränk zu
kreieren, ob mit Cola, Espresso oder Milchschaum.

Feiger Eierlikör

Zutaten für 1/2 Liter:
- 10 Eigelbe
- 100 ml Orangensaft
- 2 reife Feigen
- 200 g Puderzucker
- 250 ml Sahne
- 500 ml Weinbrand
- 1 Msp Zimt

Rezept:
Die Feigen enthäuten, klein schneiden und im Orangensaft weichdünsten. Dann das Mus pürieren und durch ein Sieb streichen.
Die Eigelbe mit dem Zimt und dem Puderzucker schaumig schlagen. Nun erst die Sahne, dann den Weinbrand zu gießen und zum Schluss das Mus unterrühren. Mit einem Trichter die Flüssigkeit in verschiedene dekorative Flaschen füllen und 2 Tage im Kühlschrank ziehen lassen. Vor dem Servieren schütteln, ggf. mit Orangensaft oder Weinbrand weiter verdünnen.
Oder: Mit einer Schleife versehen und verschenken.

Tipp:
Anstelle des Rumtopfes geht auch Kirschkompott
mit Kirschlikör oder Beerenkompott mit Beerenlikör.

Zipfelmütze

Zutaten je Portion:
- zerkleinerter Pfefferkuchen
  (ohne Schokolade)
  für den Boden des Glases
- 1 Kugel Kirscheis
- 1 kleine Saucenkelle Rumtopf
- geschlagene Sahne oder Sprühsahne
- Waffelsticks zur Dekoration

Rezept:
Zunächst den Pfefferkuchen zerkleinern und den
Boden des Glases damit bedecken. Darauf
die Kugel Kirscheis setzen. Ringsherum den Rumtopf
verteilen. Vorsicht: Der Pfefferkuchen saugt die
Flüssigkeit des Rumtopfes auf!
Oben auf das Kirscheis die Sahne wie
eine Zipfelmütze sprühen und in die Seite der Mütze
die Waffelsticks stecken. Frisch und eiskalt servieren.

Beschwipste Trüffel

Zutaten für ca. 40 - 50 Stück:
- 250 g weiße Schokolade
- 50 g Butter
- 2 Pck. Vanillezucker
- 1 Vanilleschote zur Verfeinerung
- 75 ml Eierlikör
- Kokosraspel

Rezept:
Die Schokolade zerkleinern und im Wasserbad
langsam schmelzen. Die Butter in einer Rührschüssel
mit dem Inhalt der Vanilleschote und
dem Vanillezucker schaumig schlagen. Nun den Eierlikör
und zum Schluss die Schokolade gleichmäßig
unterrühren. Die Schüssel abdecken und für
30 Minuten kalt stellen. Danach den Teig nochmal
kurz kräftig durchrühren.
Auf einem Blech die Kokosraspel verteilen.
Mit 2 Teelöffeln haselnussgroße Kugeln abstechen
und in den Kokosraspel wälzen. Das Konfekt kühl
lagern und dekorativ servieren.

Tipp:
Nusssplitter im Konfekt geben den „besonderen Kern".
Anstelle von Kokosraspel kann man mit fein
gemahlenen Nüssen den Geschmack variieren.

Winterzauber

Zutaten für 4 Personen:
- 1/2 l kräftiger heißer Kaffee
- 1/4 l heißer Kakao
- 1/8 l heiße Milch
- 1 Msp Zimt
- 1 Msp Lebkuchengewürz
- gehackte Lebkuchen

Rezept:
Bereiten Sie einen kräftigen Kaffee und den Kakao zu.
Verarbeiten Sie die Hälfte der angegebenen Milch
zu Milchschaum.
Den Kaffee mit dem Kakao, der übrigen Milch und
den Gewürzen zusammengießen und gut verrühren,
den Milchschaum darauf verteilen und mit fein
zerstoßenen Lebkuchenstückchen bestreuen.

Tipp:
1. Verfeinerung mit einem Schuss Rum.
2. Anstelle von Milchschaum nimmt man
mit Vanillezucker und Zimt geschlagene Sahne.

Süße Heimlichkeit

Zutaten für 2 Personen:
- 1/2 l kräftiger Kaffee
- 1/4 l heißer Kakao
- je Tasse 4 cl Kaffeecremelikör
- geschlagene Sahne, mit Zimt verfeinert
- Schokostreusel

Rezept:
Den heißen Kaffee mit dem Kakao zusammengießen.
Den Kaffeekakao in ein Kaffeeglas oder
in eine hohe Tasse geben, mit dem Likör verfeinern
und mit viel Zimtsahne abrunden.
Mit etwas Zimt und Schokostreusel bestreuen
und mit Zimtgebäck servieren.

Tipp:
Ganz besondere Leckermäuler schummeln in den
Kaffeekakao eine kleine Kugel Schokoladeneis und
verstecken diese unter der Sahne.

Weihnachtspunsch

Zutaten für 4 Personen:
- 1 l schwarzer Tee
- 50 g Zucker
- 1/4 Stange Zimt
- 3 Gewürznelken
- 750 ml Rotwein
- 2 Orangen
- 1/2 Zitrone
- 1 Schuss Rum nach Belieben

Rezept:
Im heißen Tee den Zucker auflösen und Zimt und
Nelken hinzufügen. Alles 30 Minuten ziehen lassen und
dann abseihen.
Nun den Rotwein und den Saft der zwei Orangen
und der 1/2 Zitrone dazugeben und erneut erhitzen,
aber nicht kochen.
Den Punsch mit einem Schuss Rum verfeinern und
heiß genießen.

Kosakenkaffee

Zutaten je Glas:
- 100 ml Kaffee
- 100 ml Rotwein
- 1 cl Zimtlikör
- 1 Zuckerstück

Rezept:
Den heißen Kaffee
in ein Glas geben und mit dem ebenfalls
heißen Rotwein auffüllen.
Das Zuckerstück auf einen Teelöffel legen und mit Zimtlikör tränken.
Den Zucker anzünden und in das Glas tropfen lassen.
Dann das Getränk umrühren und heiß genießen.
Dazu schmecken Pfefferkuchen.

Filzpantoffel

Materialien:
- Bastelfilz in verschiedenen Farben
- Nadel und Nähgarn
  oder Heißklebepistole
- weihnachtliche Streuelemente
  oder Knöpfe
- schmales Schleifenband
- Schere

Wenn Sie mehrere Pantoffeln basteln möchten, fertigen Sie sich am besten
eine Schablone an. Dazu kann ein Kinderhausschuh als Muster dienen.
Schneiden Sie die Filzsohle und das obere Teil entsprechend
der gewünschten Pantoffelgröße aus.
Nähen oder kleben Sie die Teile aneinander, so dass Sie zwischen
Oberteil und Sohle noch ausreichend Platz zum Befüllen haben.
Verzieren Sie den Pantoffel mit kleinen weihnachtlichen Elementen,
die Sie vorgefertigt im Handel bekommen.
Versehen Sie ihn mit einer Schleife und befüllen Sie den Pantoffel
mit kleinen Geschenken und Leckereien und überraschen Sie Ihre Lieben
damit zum Nikolaus.

Die Pantoffeln sehen in Miniform
als Weihnachtsbaumschmuck auch sehr schön aus.

Serviettenringe - einfach und schnell

Materialien:
- Tonkarton oder Moosgummi
- Motiv-Schablone in Herz-, Stern-, Baumform
- Lineal
- Schere
- Stift

Legen Sie die Schablone auf das ausgewählte Material und zeichnen Sie herum.
Verbinden Sie beide Motive durch einen zwei Zentimeter breiten und zehn Zentimeter langen Streifen.
Schneiden Sie die Form am äußeren Rand entlang aus.

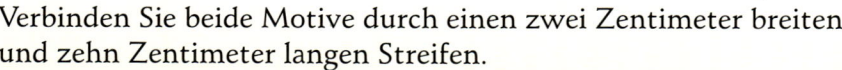

Ein Motiv wird mittig von oben bis zur Hälfte eingeschnitten und das Motiv am anderen Ende von unten bis zur Hälfte.

Stecken Sie beide Motive zwischen den Schlitzen ineinander und führen Sie die Serviette hindurch.

Tipp:
Sie können noch kleine weihnachtliche Elemente auf den Serviettenring kleben oder mit einem kleinen Draht befestigen.

Weihnachtliche Topfdeko

Materialien:
- Tontopf und Steckmasse
- 1 große Deko- oder Christbaumkugel
- Juteband oder breites Schleifenband
- Golddraht, Goldkette
- Tannen- und Beerenzweige, Efeu, Ilex oder ähnliches
- Zimtstangen oder Orangenscheiben
- weihnachtliche Elemente (hier Herzen)

Füllen Sie den Topf mit Steckmasse.
Feuchten Sie die Masse an, wenn Sie Natur-Materialien verwenden.
Setzten Sie die große Kugel in den Topf.
Nun drapieren Sie echte oder künstliche Efeu-, Tannen- und/oder Beerenzweige in die Masse.
Legen Sie eine goldene Kette oder Schleifenband lose herum.
Weihnachtliche Elemente, wie zum Beispiel ein Herz, geben Ihrem Deko-Töpfchen einen liebevoll-festlichen Charakter.

Weihnachtsengel

Materialien:
- 1 kleiner Mini-Tontopf
- Farbe für den Tontopf und Pinsel
- 4 kleine naturfarbene Holzperlen
- 1 größere Holzperle für den Kopf
- Golddraht
- weißes Moosgummi
- wasserfeste Stifte für das Gesicht
- grobe Schnur oder Kordel für Arme und Beine
- schmales Schleifenband
- Heißklebepistole

Malen Sie den Tontopf an. Der Topf auf der Abbildung
wurde mit goldener Farbe bemalt.
Schneiden Sie die Flügel aus dem weißen Moosgummi aus
und entsprechend lange Schnüre für Arme und Beine.
Die Schnüre für die Beine sind etwa doppelt so lang wie die für die Arme.
Ziehen Sie eine Holzperle an je ein Ende der vier Schnüre
und kleben Sie diese mit der Klebepistole fest.
Die Beine werden in der inneren Mitte des Töpfchens angeklebt.
Die Arme außen an die Mitte des Loches. Darauf kommt dann die bemalte
größere Holzperle mit dem Gesicht. Drehen Sie aus dem Golddraht einen
Ring mit einem kleinen Steg, der als Heiligenschein dient und mit einem
Schnurbüschel als Haare in die obere Öffnung der Perle geklebt wird.
Kleben Sie die Flügel an die Rückseite und befestigen Sie zum Anhängen
noch eine Schlaufe. Verzieren Sie Ihr Engelchen.

Von Herzen

Material:
- Bastelkarton oder Filz in zwei Farben
- Schere und Lineal, eventuell Kleber
- Engelshaar oder feinen Golddraht

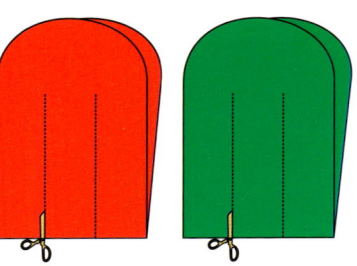

Diese Bastelei erfordert etwas Fingerfertigkeit
beim Ineinanderflechten der beiden Herzhälften.

Schneiden Sie zunächst aus beiden farbigen Karton- oder Filzstücken
je einen ca. sechs Zentimeter breiten und sechszehn Zentimeter langen
Streifen aus. Die Enden der Streifen werden abgerundet.
Diese sind später die Rundung des Herzens.
Falzen Sie den Streifen quer
in der Mitte. Am Falz schneiden
Sie im Abstand von zwei Zentimetern
ca. sechs Zentimeter gerade nach oben
in Richtung der Rundung ein.
Die Schnitte sollten an beiden Teilen
gleich sein, um sie gut miteinander
verflechten zu können. Stecken Sie
nun die entstandenen Streifen
der beiden Teile abwechselnd so
ineinander, dass Sie ein Herz im
„Karomuster" erhalten.
Um dem Herz mehr Festigkeit
zu verleihen, können Sie die Streifen mit Kleber fixieren.

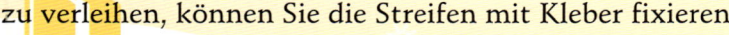

Legen Sie das Herz innen mit etwas Engelshaar oder feinem Golddraht aus und drapieren Sie ein kleines Präsent, einen Weihnachtsgruß oder eine Süßigkeit dazu. Mögen Sie es nicht bunt, basteln Sie die Herzen einfarbig. Die Größe des Herzens hängt von der Breite und Länge des geschnittenen Streifens ab.

Weihnachtlicher Baumschmuck

Materialien:
- Astscheiben (Durchmesser ca. 8 cm)
- Golddraht (je nach Stärke eventuell noch eine kleine Zange)
- weihnachtliche Filzelemente, aus dem Handel oder selbst gefertigt
- Heißklebepistole
- Knöpfe
- Schleifenband oder Kordel

Schneiden Sie sich dünne Holzscheiben von einem trockenen Ast.
Wickeln Sie den Golddraht sternförmig und recht fest
um die Holzscheibe. Befestigen Sie dabei Anfang und Ende
mit der Klebepistole.
Dekorieren Sie nun die Astscheibe mit einem Filzstern, Knöpfen oder
Ähnlichem.
Sie können auf den Golddraht, bevor Sie die Astscheibe damit umwickeln,
auch noch kleine Perlen ziehen.
Ihrer Fantasie sind keine Grenzen gesetzt.
Fädeln Sie durch den Draht am Rand der Scheibe einen Faden,
der verknotet zum Anhängen dient.
Verwenden Sie die kleinen Astscheiben als Baumschmuck,
als Geschenkanhänger oder auch als Tischdekoration.

Wer es weniger aufwendig möchte, kann aus einfachem Karton Sterne,
Engel oder Monde ausschneiden und diese auf die Baumscheiben kleben.

Zapfenmännchen

Materialien:
- Tannenzapfen, auch in verschiedenen Größen
- Heißklebepistole
- Bastelfilz für Mütze und Schal
- weiße Kugel oder naturbelassene Holzkugeln als Kopf
- wasserfeste Stifte, Schere, Nadel und Faden
  (falls die Mütze genäht statt geklebt wird)
- Band zum Anhängen

Kleben Sie die Kugel mit der Klebepistole an den Zapfenansatz.
Aus Filz schneiden Sie ein kegelförmiges Stück aus, das als Mütze
zusammengenäht oder geklebt wird. Achten Sie auf den Durchmesser
der Kugel, denn das Mützchen soll ja passen.
Kleben Sie das Mützchen fest, malen Sie mit den Stiften ein Gesicht auf
die Kugel. Schneiden Sie aus dem Filz einen kleinen Schal und binden
diesen zwischen Kugel und Zapfen. Fixieren Sie ihn mit Kleber
oder knoten ihn, wenn er lang genug ist.
Basteln Sie Weihnachtsmänner, Wichtel, Schneemänner oder auch Elche
daraus. Für das Elchgeweih können kleine Äste dienen, die ans Mützchen
geklebt werden. Zu guter Letzt ziehen Sie an der Rückseite der Mütze einen
Faden zum Anhängen hindurch, verknoten ihn und schon haben Sie eine
kleine lustige „Weihnachtsmannschaft" für Baum, Strauch, Türkranz oder
als Anhänger für ein Geschenk.

Süße Tüten

Materialien:
- Bastelkarton in verschiedenen Farben oder mit weihnachtlichen Motiven
- Band oder Kordel
- Sterne, Herzen, Glitzersteine
- Filzstifte
- Locher oder Lochzange
- Kleber
- Schere und Klammer zum Fixieren

Aus dem Bastelkarton wird in gewünschter Größe ein Viertelkreis
ausgeschnitten. (Grundlage ist hier der Kreis eines Frühstücktellers).
Ziehen Sie den Viertelkreis über eine Tischkante,
dann lässt sich einfacher eine Tüte draus drehen.
An den Überlappungen bringen Sie Kleber auf
und drücken die Klebestellen fest aneinander.
Fixieren Sie die entstandene Tüte an der Klebestelle
mit einer Klammer bis die Klebung trocken ist.
Nun gestalten Sie die Tüte weihnachtlich, zum Beispiel
mit kleinen Schleifen, Herzen, Sternen oder mit Glitzersteinen.
Lochen Sie die Tüte rechts und links am oberen Rand und ziehen Sie
ein Band durch die Löcher, welches Sie auf beiden Seiten verknoten.
Füllen Sie die Tüte mit Süßem, Wünschen oder kleinen Geschenken.
Wenn Sie, wie rechts abgebildet, einen Adventskalender daraus basteln,
beschriften Sie die 24 Tüten mit Zahlen und binden diese an ein Band,
Tannenzweig oder Ähnlichem.
Auch am Tannenbaum als Dekoration sind die Tüten hübsch anzusehen.

Goldige Kugeln

Materialien:
- kleine Luftballons
- kleine Zange
- Golddraht oder farbigen Draht
- schmales Schleifenband für den Anhänger

Pusten Sie einen Ballon zu einer Größe auf, die später Ihre Kugel haben soll. Verknoten Sie das Ballonende gut.

Achten Sie darauf, dass der Ballon rund ist.

Nun wird er mit dem Draht gleichmäßig umwickelt.

Halten Sie den Anfang des Drahtes fest, so dass er nicht in den Ballon piekt, bevor Sie mit Ihrer Kugel fertig sind.

Je mehr Runden Sie wickeln, um so stabiler wird sie.

Ist die Kugel fest genug, verdrehen Sie Anfang und Ende des Drahtes gut miteinander.

Pieken Sie in den Ballon und ziehen Sie ihn vorsichtig aus dem Drahtgeflecht.

Befestigen Sie ein Band als Anhänger an die Kugel.

Eine zweite Möglichkeit ist, die Kugeln aus einer farbigen Schnur zu fertigen. Diese wird in Tapetenleim gelegt und dann um den Ballon gewickelt.

Diese Variante benötigt etwas mehr Zeit, weil die Kugel entsprechend lange durchtrocknen muss. Diese Variante lässt jedoch mehr Spielraum durch die Art und Farbigkeit der verwendeten Schnur.

Es kann auch ein Baumwollgarn oder Wolle verwendet werden.

Die obere Kugel ist aus Draht gefertigt.
Die untere aus Goldschnur mit Leim.

Gewürz-Tassen

Materialien:
- 2 große, weihnachtliche Tassen
- 2 Orangen
- Gewürze: Nelken, Zimtstangen, Sternanis
- Zweige und Beeren zum Drapieren
- eventuell Folie und Schleifenband zum Verpacken

Die Orangen werden mit den Nelken gespickt,
zum Beispiel in Stern- oder Herzform.
Zweige, Zimtstangen und auch Beeren
werden in der Tasse drapiert.
Die Orange wird mittig in die Tasse gesetzt.
Dieses Arrangement ist zur Weihnachtszeit ein Muss.
Es verströmt einen würzigen weihnachtlichen Duft und schmückt
Ihre Fensterbank oder Ihren Weihnachtstisch.
Wenn Sie die Gewürz-Tasse verschenken möchten, verpacken Sie sie
in Folie, binden dekorativ eine Schleife dran und
erfreuen einen lieben Menschen mit Ihrem Mitbringsel.

Nuss-Figuren

Materialien:
- halbe Walnussschalen
- Gold- oder Tonpapier
- Klebstoff
- Nadel und Faden
- Schere

Aus dem Papier
wird eine Figur oder Form ausgeschnitten,
z. B. eine Sternschnuppe, ein Engel oder eine Glocke.
Dabei muss der „Bauch" so groß sein wie die halben
Walnussschalen. Diese können auch bemalt werden.
Anschließend werden je zwei halbe Schalen, von
jeder Seite eine, an die Papierfigur geklebt.
Zum Schluss oben mit der Nadel den Faden als
Anhängeschlaufe durch das Papier ziehen und
die Enden verknoten.

In eigener Sache

Süße Weihnacht
ISBN 978-3-940025-58-6
Art.-Nr.: 10465

Freude im Advent
ISBN: 978-3-86405-035-0
Art.-Nr.: 10467

Frohe Weihnachten
ISBN: 978-3-86405-034-3
Art.-Nr.: 10468

Klingende Weihnachtszeit
ISBN: 978-3-86405-033-6
Art.-Nr.: 10469

Diese Bücher sind auch als Geschenke-Set mit Piccolo erhältlich!

Vorfreude, schönste Freude
ISBN 978-3-940025-07-4
Art.-Nr.: 10466

Geschenke-Set Piccolo,
im goldbraunen Karton (ohne Schleife),
Art.-Nr.: 20068

In unserem Shop finden Sie für jeden Anlass das passende Geschenk:
www.andrea-verlag.de

Ein paar Mäuse zum Fest
ISBN: 978-3-86405-037-4
Art.-Nr.: 10561

Ein paar Kröten zum Fest
ISBN: 978-3-86405-036-7
Art.-Nr.: 10562

Ohne Moos nichts los
ISBN: 978-3-86405-038-1
Art.-Nr.: 10563

Das Mini-Buch
im Anhänger
für eine
Glühwein- oder Sektflasche,
oder als Geschenkanhänger

Sternenglanz & Tannenduft
ISBN: 978-3-940025-97-5
Art.-Nr.: 12461

Schöne Weihnachten
ISBN: 978-3-86405-060-2
Art.-Nr.: 10427
Format 8,0 x 6,5 cm

Impressum

Redaktion
Andrea VerlagsGmbH
www.andrea-verlag.de

Layout / Gestaltung
Kathrin Schmigalle

Druck
in Zusammenarbeit mit
Leo Paper Group,
Antwerpen